AF542204

CATALOGUE

DE

TABLEAUX

DES DIFFÉRENTES ÉCOLES

DONT LA VENTE

Par suite du Décès de M. le Baron D***

AURA LIEU

HOTEL DROUOT, SALLE N° 8

Les Jeudi 5 & Vendredi 6 Décembre 1867

A DEUX HEURES

Par le ministère de Mᵉ **ESCRIBE**, Commissaire-Priseur, rue Saint-Honoré, 217,

Assisté de M. **HORSIN DÉON**, Peintre, rue des Moulins, 15,

Chez lesquels se distribue le présent Catalogue.

EXPOSITION PUBLIQUE

Le Mercredi 4 Décembre 1867, de une heure à cinq heures.

PARIS
RENOU & MAULDE
IMPRIMEURS DE LA COMPAGNIE DES COMMISSAIRES-PRISEURS
Rue de Rivoli, 144.
1867

CATALOGUE

DE

TABLEAUX

DES DIFFÉRENTES ÉCOLES

DONT LA VENTE

Par suite du Décès de M. le Baron D***

AURA LIEU

HOTEL DROUOT, SALLE N° 8

Les Jeudi 5 & Vendredi 6 Décembre 1867

A DEUX HEURES

Par le ministère de Me **ESCRIBE**, Commissaire-Priseur,
rue Saint-Honoré, 217,

Assisté de M. **HORSIN DÉON**, Peintre, rue des Moulins, 15,

Chez lesquels se distribue le présent Catalogue.

EXPOSITION PUBLIQUE

Le Mercredi 4 Décembre 1867, de une heure à cinq heures.

PARIS
RENOU & MAULDE
IMPRIMEURS DE LA COMPAGNIE DES COMMISSAIRES-PRISEURS
Rue de Rivoli, 144.

1867

CONDITIONS DE LA VENTE

Elle sera faite au comptant.

Les Acquéreurs paieront CINQ POUR CENT en sus du prix d'adjudication.

DÉSIGNATION

DES

TABLEAUX

ÉCOLES ALLEMANDE, FLAMANDE & HOLLANDAISE

ASSELYN (JEAN)

1 — Paysage avec Ruines, Figures et Animaux.

ARTOIS (JACQUES VAN)

2 — Paysage boisé.

De jolies petites figures dans le goût de Téniers l'animent. Les armoiries de la maison de Turenne se voient dans le coin à gauche.

BEERSTRAATEN (Signé A. VAN)

3 — Entrée d'un Port de mer.

Deux gros navires sont en partance, mais de petites embarcations rentrent au port qui occupe la gauche du tableau, car le ciel est orageux.

BERGEN (VAN)

4 — Paysage et Animaux.

Deux vaches, un petit veau, une chèvre, des moutons sont gardés par une femme qui caresse un agneau.

BLOEMEN (Van)

5 — Un Camp.

Sur le devant, un trompette et deux cavaliers.

6 — Un Maréchal-ferrant.

BOL (Ferdinand)

7 — Guerrier bouclant sa Cuirasse.

CUŸP (Albert)

8 — Le Marchand de poisson.

Un gentilhomme, près duquel se tient un petit garçon et en compagnie d'une dame entourée de trois petites filles, marchande de gros poissons à un pêcheur qui, le bonnet à la main, lui fait respectueusement admirer la beauté de sa pêche. Ces personnages, remplis de vérité et d'expressions naïvement exprimées, se détachent sur une vue maritime enveoppée d'une vapeur qui se lie admirablement à l'ensemble de ce bon ableau.

9 — Portrait d'Homme (Buste).

DECKER (Signé Conrad)

10 — Intérieur de Village.

Devant les maisons qui le composent et qui occupent la gauche et le centre du tableau, se voient de nombreux marchands de volaille entourés de chalands et de promeneurs au nombre desquels se trouve un homme à cheval. A gauche est une échappée de paysage accidenté qui égaie encore ce bon tableau d'un piquant effet.

11 — Une Maison rustique.

DIETRICH

12 — Passage d'un Gué.

Ce sont des femmes, des enfants, des soldats chargés de butin qui se disposent à traverser un fleuve à la lueur d'une torche que tient un militaire traînant un baudet à sa suite.

DROOGSLOOT (J.-C.)

13 — Paysage.

Des masses d'arbres, que dominent un vieux château et le clocher d'un village, s'étendent au loin et aboutissent au second plan où se voit un cabaret rustique devant lequel stationnent des voitures et des voyageurs. Le premier plan est occupé par une route, une mare et quelques figures. Enfin un coup de soleil, un ciel nuageux, mais clair, terminent l'ensemble de ce tableau capital.

DUYNEN (Isaac Van)

14 — Tableau de Salle à manger.

Poissons déposés dans des paniers et à terre; au fond, une plage.

EKELS (Jean)

15 — Paysage.

A droite, une route sur laquelle cheminent voyageurs et promeneurs; à gauche, un fleuve traversé par un pont de briques qui conduit à une demeure seigneuriale.

EECKOUT (G. Van den)

16 — Portrait d'Homme.

Il est cuirassé et coiffé d'une toque garnie de fourrures

GOYEN (Jean Van)

17 — Paysage-Marine.

Un large fleuve qui se perd à l'horizon; à droite, un vieux pont qui conduit à un village dont on aperçoit à travers des massifs d'arbres les premières maisons et le clocher; sur le premier plan formant repoussoir, une vieille clôture en planches, des engins de pêche, des vaches; sur le fleuve, des bateaux, des pêcheurs; sur le pont, un voyageur et un cavalier qui le traversent, composent ce tableau capital qui se complète enfin d'un ciel brillant et légèrement doré.

HOET (Gérard)

18 — Paysage historique.

Dans le fond, la mer, l'entrée d'un port devant lequel stationnent un navire et une galère; à droite est un portique orné de colonnes, de sculptures, de marbres de diverses couleurs. Des tombeaux en complètent l'ornementation et ajoutent à sa magnificence. Une fontaine monumentale, de jolies figures distribuées avec intelligence donnent à l'ensemble de cet agréable tableau un grand aspect qui séduit tout d'abord.

HOBBÉMA (Genre de)

19 — Paysage boisé.

KABEL (Van der)

20 — Marine.

Des bateaux pêcheurs sont amarrés sur le premier plan. On voit sur la mer calme plusieurs gros navires et dans le fond une ville.

21 — Femme trayant une Vache.

KOBELL le fils

22 — Paysage et Animaux.

LAIRESSE (Gérard)

23 — Paysage; Site d'Italie avec Figures de Nymphes.

LINGELBACH

24 — Combat naval.

Plusieurs galères sont aux prises. L'engagement est animé et la victoire indécise. Des chaloupes chargées de blessés cherchent à gagner le large, l'une d'elles est coulée par un gros bâtiment dont elle n'a pu parer la manœuvre.

LYON

25 — La Femme de l'ivrogne.

MAES (Gerrit)

26 — Combat naval.

Deux flottes s'abordent et engagent leurs feux. Deux navires de haut-bord surtout s'attaquent avec une vigueur qui fait pressentir la destruction prochaine de l'un d'eux. Sur le premier plan, plusieurs chaloupes chargées de combattants et faisant repoussoir, ajoutent à l'effet et à l'animation de cet émouvant tableau.

MANS (F.-H.)

27 — Paysage-Marine.

A droite est un pays montagneux traversé par une route qui conduit à un village. Sur le bord de cette route est une vieille tour carrée; à gauche on voit la mer et une plage sur laquelle sont réunis un grand nombre de gens de toutes conditions.

MIÉRIS (D'après)

28 — Le Trompette.

Il est assis devant une table couverte d'un tapis de Turquie, sur laquelle des rafraîchissements sont servis. Il retient par le bras une dame vêtue de satin blanc qui semble vouloir se retirer de sa compagnie.

MILÉ (FRANCISQUE)

29 — Paysage.

MORGENSTERN (J.)

30 — Intérieur d'Église.

La vue est prise du bas de la nef qui est remplie de fidèles, et s'étend jusqu'au maître-autel auquel un prêtre officie.

NEER (VAN DER)

31 — Marine ; Soleil couchant.

NETSCHER (GASPARD)

32 — Portrait d'Homme.

De grandeur naturelle, il est debout, le coude appuyé sur un tertre et la main gauche posée sur la tête de son chien.

NETSCHER (CONSTANTIN)

33 — Portrait de Femme.

Son costume est riche et élégant; assise sur un tertre, elle tient un petit chien sur ses genoux.

34 — Portrait d'Homme.

Il est debout, la main gauche posée sur la tête d'une levrette.

D'un fini précieux, ces deux petits portraits sont des œuvres distinguées du maître.

OSTADE (ADRIEN VAN)

35 — Le Liseur de Gazette.

Il est vu en buste, la tête couverte d'un berret rouge, le sourire sur les lèvres; il lit attentivement un journal qu'il tient à la main.

Une couleur transparente et harmonieuse, une expression bien sentie distinguent cette intéressante petite production du maître.

PETERS (Bonaventure)

36 — Marine.

Des barques et un navire sur une mer houleuse, une tour et de vieilles constructions occupent la gauche du premier plan.

37 — Combat naval.

PORBUS (École de)

38 — Portrait d'Homme.

Il est vu priant devant une table sur laquelle un christ et un livre sont déposés.

RUBENS (École de)

39 — Scène galante.

STOCKLY (Signé)

40 — Intérieur d'Église.

STRY (Jacques Van)

41 — Paysage et Animaux.

Des vaches, une debout, six couchées, sont au repos dans une prairie; un peu en arrière, leur gardien est assis regardant au loin un beau soleil levant qui dore de ses rayons ce tableau d'un effet très-piquant.

TENIERS (Abraham)

42 — Paysage et Animaux.

Sur le premier plan d'un site montagneux on voit un troupeau de moutons, des vaches gardées par un pâtre qui cause avec un paysan debout et appuyé sur un âne. Un chien, des canards et divers accessoires y ajoutent encore de la variété.

TENIERS (École de)

43 — Intérieur d'Estaminet.

Sur le premier plan, deux paysans jouent aux cartes; dans le fond, près d'une cheminée, d'autres fument, boivent ou se chauffent.

44 — Intérieur d'Estaminet.

Une dizaine de personnages sont réunis autour d'une table buvant ou jouant aux cartes.

TOL (Attribué à VAN)

45 — La Leçon de Musique.

Dans l'intérieur d'un appartement, une dame dans un élégant costume est assise devant une table couverte en partie d'un tapis de Turquie sur lequel un violoncelle est déposé; elle tient un morceau de musique qu'elle semble lire, tandis que son professeur accorde son violon.

VROOM (HENRI, CORNEILLE)

46 — Combat naval.

Plusieurs navires sont déjà coulés ou incendiés et le combat continue avec plus d'acharnement. Au centre, un bâtiment de haut bord, entouré, fait feu de toutes pièces et foudroie un de ses adversaires.

Tableau capital rempli de détails animés et des plus émouvants.

WAUTERS (CH.)

47 — Bethsabée au Bain.

WIT (GASPARD DE). Signé

48 — Paysage.

Au centre d'un site montagneux et boisé se voit un magnifique château entouré d'eau, et sur le premier plan à gauche, de beaux arbres. Puis des dames, des gentilshommes, des chevaux tenus par un page qui complètent l'ensemble de cet important tableau du maître.

WOUWERMANS (PIERRE)

49 — Les Mendiants.

Sur les bords d'une route, à peu de distance d'une ruine, de pauvres gens sollicitent quelque aumône d'un cavalier monté sur un cheval blanc.

WOUWERMANS (D'après P.)

50 — Paysage.

Dans lequel on remarque un paysan faisant abreuver ses chevaux.

51 — Canal glacé.

Il est sillonné par des patineurs et des traîneaux.

52 — Un Camp.

WYTMAN (MATHIEU)

53 — Portrait d'Homme.

ÉCOLE FLAMANDE

54 — Paysage boisé.

55 — Van-Dick présenté à Rubens. (Tableau moderne.)

56 — Fruits.

ÉCOLE FRANÇAISE

ALLEGRAIN (Gabriel)

57 — Paysage; Site d'Italie.

Au fond, des montagnes azurées; au second plan, un village éclairé par un coup de soleil. Formant repoussoir, des masses d'arbres qui, se détachant sur un ciel nuageux, mais lumineux, occupent le premier plan que des femmes vêtues à l'antique, un Hermès, quelques arbustes embellissent et animent.

BAPTISTE (S.). Signé

58 — Les petits Savoyards.

Ce sont des petits ramoneurs qui se chauffent près d'un feu qu'ils ont improvisé.

BOUCHER (École de)

59 — Les Amours fêtant Bacchus.

60 — Flore et l'Amour.

61 — Vénus et l'Amour. Dessus de porte.

62 — Petit Pâtre jouant de la Cornemuse.

BOUCHER (D'après)

63 — La Marchande de Crème.

64 — Le Château de Cartes.

BOURGUIGNON (Jacques Courois, dit le)

65 — Combat de Cavalerie.

La mêlée est animée et meurtrière. Le combat s'étend jusque sous les murs d'une ville fortifiée qui s'aperçoit au loin.

BOZE (Joseph)

66 — Portrait d'Homme.

CASANOVA

67 — L'Orage.

Dans un paysage montagneux, la foudre brise un pont de bois et renverse dans un profond ravin des bestiaux qui le traversent, en même temps qu'elle frappe de mort leur conducteur.

CHAMPAGNE (Philippe de)

68 — Portrait d'Homme.

Il est debout, vu à mi-corps, une main gantée et posée sur sa poitrine.

CHARDIN (D'après)

69 — La Cuisinière.

CHATELET

70 — Intérieur de Parc.

A droite et à gauche sont de beaux massifs d'arbres régulièrement taillés et meublés de statues. Au centre est une immense pièce d'eau dont la large nappe tombe en cascade dans un bassin au bord duquel sont arrêtés quelques personnages, et où est amarré un élégant canot.

CHENEAU

71 — Scène populaire.

Un galant courtise une jeune et gentille marchande d'un marché parisien.

COYPEL

72 — L'Automne.

CRÉPIN (L.-P.)

73 — Paysage avec route.

DE MARNE (D'après)

74 — Une Route.

DESPORTES

75 — Le Renard prédicateur.

Commodément installé, le rabat au col, la partie supérieure du corps cachée par une draperie blanche, son éloquence lui attire un nombreux auditoire de dindons, d'oies, de canards, de pigeons, de poules et de coq même.

DETROY (Attribué à François)

76 — Jeune Fille costumée en Bergère.

DIÉBOLD le Vieux

77 — Les Abords d'un Port de Mer.

Le port occupe la droite du tableau ; sur le premier plan sont de nombreuses figures, personnages orientaux et autres. Animaux, ballots de marchandises, et tout ce qui caractérise une animation commerciale.

78 — Même sujet.

L'entrée du port est à gauche entre de hautes falaises. Le premier plan est également animé par des personnages et des animaux.

DROLLING (M.), le fils

79 — Scène sentimentale. Époque du moyen-âge.

DROUAIS (Genre de)

80 — Jeune Fille faisant des bulles de savon qu'un Chat cherche à atteindre.

E. A. D. B. (Signé 1754)

81 — La Beauté enlevée par des Amours.

Une foule d'Amours se disputent la possession d'une timide jeune femme qu'ils égarent dans les cieux.

Cette gracieuse allégorie doit avoir rapport à quelque dame du temps, dont la figure principale serait le portrait.

EISEN (Attribué à)

82 — Le Lever.

FOUQUIÈRES (Jacques)

83 — Paysage montagneux avec Figures.

FRANQUELIN (J.-A.)

84 — L'Atelier de la Marchande de Modes.

En l'absence de la maîtresse sans doute, ouvrières et jeunes garçons ont engagé une joyeuse partie de main-chaude.

Esquisse terminée remplie de gaieté et d'entrain

GILLOT (Attribué à)

85 — Arlequinade.

GREUZE (D'après)

86 — Tête d'expression.

87 — Le Miroir cassé.

88 — La Savonneuse.

89 — Jeune Fille respirant une Rose. (Pastel).

90 — Jeune Fille lisant.

GRIMOUX (D'après)

91 — Portrait de Femme.

GUÉ (J.-M.)

92 — Marino Faliero.

LACROIX

93 — Paysage-Marine. Effet du matin.

LAFOSSE (CHARLES DE)

94 — Départ de Sodôme.

Guidé par deux anges, Loth, suivi de ses filles et de sa femme, quitte la ville maudite que le feu va anéantir.

LAJOUE

95 — Vue extérieure d'un Palais.

LALLEMAND

96 — Vue de la Pyramide de Cajo-Cestio.

LANCRET

97 — Récréation champêtre.

Un jeune seigneur travesti en musulman est à genoux et semble faire une déclaration à une dame qui pince de la guitare. Deux suivantes, l'une qui tient un parasol au-dessus de leurs têtes, l'autre qui porte une corbeille de fruits, complètent cette scène galante.

LANGLOIS (Jérome-Martin)

98 — La Mort d'Hippolyte.

LANTARA

99 — Paysage-Marine.

LEDOUX (Mlle)

100 — Tête de petite Fille.

LEMOINE (École de)

101 — L'Hiver.

MALBRANCHE (le fils)

102 — Paysage ; Effet d'hiver.

MIGNARD (D'après)

103 — La Vierge au Raisin.

MIGNARD (École de)

104 — Portrait de Mme de la Vallière, sous les attributs de la Madeleine.

NATOIRE (École de)

105 — La Musique.

106 — L'Automne.

(Dessus de porte.)

NORBLIN (J.-P.), le père

107 — Buste d'Homme. Il est coiffé d'un Turban.

PARROCEL

108 — Combat de Cavalerie.

PAU DE SAINT-MARTIN

109 — Paysage. Clair de Lune.

PERDRIX

110 — Tableau de Salle à manger.

Sur une table de pierre sont déposés un panier de cerises, un pain, un vase d'argent et des plats du même métal contenant un fromage de cochon, un jambon qu'un chien flaire et convoite; à droite, sur une petite table, se voit encore un saladier rempli de raves.

111 — Tableau de Salle à manger.

Un panier d'huîtres, des verres sur un plateau, une bouteille pleine de vin, du pain, du fromage, des harengs sont déposés sur une table de marbre en partie couverte d'une nappe. On y voit encore un citron, un couteau et deux plats d'argent contenant des huîtres ouvertes qu'un chat, la patte en avant, cherche à attirer à lui.

PICARD (Louis), 1854

112 — Un Bal masqué.

POUSSIN (Nicolas)

113 — Jupiter en Crète.

Une nymphe présente dans un vase d'argent le lait de la chèvre Amalthée qu'un satyre vient de traire, tandis qu'une seconde nymphe lui prépare un rafraîchissant rayon de miel.

POUSSIN (École de)

114 — Paysage avec Bacchanale d'Enfants.

RIGAUD (Attribué à)

115 — Étude de vieille Femme.

SAINT-AUBIN

116 — Femme lisant.

Petite étude spirituellement touchée et d'une jolie couleur.

SWEBACH (J.), dit FONTAINE

117 — La Promenade.

Dans un paysage accidenté et boisé, sur une route qui occupe le premier plan, une amazone montée sur un cheval blanc, en compagnie d'un élégant cavalier, sont arrêtés attendant un troisième personnage qui se dispose à monter en selle. Près d'eux est encore un valet qui tient un joli cheval par la bride.

TOCQUÉ (Louis)

118 — Portrait de Dame costumée en Bergère.

Elle est vue en pied gardant des moutons. Assise sur le gazon tenant une houlette à la main, un chien couché près d'elle appuie familièrement sa tête sur ses genoux. Des cheveux poudrés encadrent son joli visage, une robe, un casaquin de satin garni de rubans, un tablier blanc orné de dentelles, une croix à la Jeannette composent son élégant costume.

VERNET (Attribué à Joseph)

119 — Paysage-Marine.

VIEN

120 — Tête de Vieillard.

WATTEAU (D'après)

121 — Les Comédiens.

ÉCOLE FRANÇAISE

122 — Jeune Femme relevant son voile.

123 — Portrait de Femme; Époque de Henri II.

ÉCOLE ITALIENNE

CARLO DOLCI (École de)

124 — Tête de Christ.

CARRACHE (Annibal)

125 — La Vierge, l'Enfant Jésus et Saint Jean.

CARRACHE (Augustin)

126 — La Vierge, l'Enfant et Trois Anges.

CARRACHE (Louis)

127 — L'Amour divin terrassant l'Amour cupide.

CASSANA (Giovanni Francesco)

128 — La Partie de Cartes.

Un jeune homme et une jeune fille, assis à terre, jouent une partie que la jeune fille interrompt pour s'entretenir avec un chasseur debout près d'elle.

DOMINICAIN (D'après)

129 — Porcia.

Les yeux levés vers le ciel, debout près d'un brasier, une pince à la main, elle y a saisi deux charbons ardents.

GIORGION (École de)

130 — Le Sommeil de l'Enfant Jésus.

La Vierge, les mains jointes, semble prier en contemplant son divin fils profondément endormi sur une draperie blanche qu'un ange ravi écarte avec précaution.

GUASPRE POUSSIN (École de)

131 — Paysage; Site d'Italie.

GUIDE (École de)

132 — La Vierge et l'Enfant.

133 — Léda enlevée par Jupiter.

LÉONARD (D'après)

134 — Portrait de vieille Femme.

LORENZO DI PIERO, dit LE VECCHIETTO

135 — Gothique en deux parties.

Dans le bas, la Vierge entourée de saints; dans le haut, le Christ en croix.

LUCA GIORDANO

136 — L'Ivresse de Silène.

MARATTE (École de CARLE)

137 — Tête de Vierge.

MASACCIO

138 — Portrait d'Homme.

MENENDEZ (François-Antoine)

139 — La Vierge, l'Enfant Jésus et saint Joseph.

La Sainte Famille est réunie autour d'une table, dans l'intérieur de l'atelier de saint Joseph. Le saint et la Vierge écoutent avec recueillement le fils de Dieu qui semble par une fervente prière appeler les faveurs du Ciel sur ses humbles parents.

MENESES OSORIO

140 — Saint Joseph et l'Enfant Jésus.

Saint Joseph, la tête ceinte d'une couronne royale, un sceptre et une branche de lis dans la main, presse contre son sein l'Enfant Jésus, également couronné.

Gracieuse composition qui réunit au moelleux et à la suavité du pinceau un colo is très-agréable.

MURILLO (École de)

141 — Sainte Agnès.

PALOMINO DE VELASCO

142 — Vision de Saint Antoine de Padoue.

L'Enfant Jésus, entouré de chérubins, apparaît à saint Antoine qui prie avec ferveur, agenouillé devant un autel sur les marches duquel des anges se disputent une branche de lis et où sont encore déposés un livre et une tête de mort.

PRIMATICE (École de)

143 — Composition mystique.

Sainte Anne, saint Jean, saint Joseph, ainsi que divers groupes allégoriques, entourent la Vierge Marie tenant son divin fils sur ses genoux.

RAPHAEL (D'après)

144 — Bataille de Constantin.

145 — L'École d'Athènes.

Bonnes et anciennes copies.

RICCI (Sébastien)

146 — L'Image de la Vie.

Chaque âge forme des groupes divers : le premier se compose de petits enfants amusés par des jouets. Le second est conduit et enseigné par un pédagogue. Le troisième arrive tout en discutant sur les merveilles de la nature et des arts près d'une dame richement parée; c'est la Raison qui, placée près de la vieille porte du monde, les invite en passant à boire à sa coupe. Au sortir de cette porte demi-ruinée, deux routes conduisent au séjour des ombres : celle de droite est toute d'amour et de joies, celle de gauche de malheur et de misère.

SALVATOR ROSA

147 — Saint François en prière.

SARNELLI (Signé 1748)

148 — Sainte Geneviève.

Dans un paysage, la jeune sainte est assise sur un tertre tenant une houlette d'une main et caressant de l'autre un des agneaux de son troupeau. Un ange offre des roses à brouter à ses moutons; d'autres veillent à la défendre du démon qui rôde au loin autour d'elle et que saint Michel, descendu du ciel, va terrasser.

Ce gracieux tableau, d'une couleur fraiche et brillante, est composé dans le goût de Murillo.

TOBAR

149 — L'Assomption.

Dieu le Père bénit la Vierge qui s'élève dans le ciel soutenue par des anges.

ÉCOLE BOLONAISE

150 — La Vierge priant au pied de la Croix.

ÉCOLE VÉNITIENNE

151 — Adoration des Mages.

ÉCOLE ANGLAISE

H. G., 1854. (Signé)

152 — Marine.

Bateau-pêcheur rentrant dans le port par une mer houleuse.

MORLAND

153 — Effet de lumière.

Un jeune garçon prie une vieille femme de lui laisser allumer sa chandelle à la sienne qu'elle tient à la main.

NALMYTH (Pat.)

154 — Paysage boisé avec route et chaumière.

TUCKER (John)

155 — Paysage montagneux avec lac.

WAL (Signé)

156 — Marine. Mer agitée.

WEST (Benjamin)

157 — Portrait d'un Officier supérieur. (Étude).

INCONNU

158 — Paysage; Clair de Lune.

INCONNUS DES DIVERSES ÉCOLES

159 — Paysage avec Moulin.

160 — Vue prise à Saint-Domingue.

161 — Tête de saint Paul.

162 — Paysage-Marine.

En mer, des navires, une galère ; sur la côte, un moulin et de nombreuses figures.

163 — Vaches au repos dans un paysage.

164 — Paysage moderne.

165 — Id.

166 — Vue de Versailles.

167 — Paysage et Animaux avec route et masses d'arbres.

168 — Paysage moderne avec écluse et chute d'eau.

169 — Paysage avec Chaumière.

170 — Scène galante.

171 — Saint François en prière. École Gênoise.

172 — Paysage-Marine. (Fixé.)

173 — Quatre grands Panneaux décoratifs.

174 — Paysage-Marine.

175 — La Vierge et l'Enfant Jésus.

176 — Portrait de Lafayette dans sa jeunesse.

177 — Portrait de Femme.

178 — Paysage.

179 — Paysage avec Mâsures.

PEINTURES CHINOISES

180 — Portrait de Femme.

181 — Paysage. (Gouache sur ivoire.)

182 — Paysage. Id.

SCULPTURE

183 — Portrait de l'Empereur Napoléon Ier. (Ivoire.)

Renou et Maulde, imprimeurs de la Compagnie des Commissaires-Priseurs, rue de Rivoli, 144. 9512

www.ingramcontent.com/pod-product-compliance
Lightning Source LLC
LaVergne TN
LVHW010010230826
846092LV00002B/749

9782329549644